AF340251

MATÉRIAUX

POUR

L'HISTOIRE PRIMITIVE ET NATURELLE

DE L'HOMME

REVUE MENSUELLE ILLUSTRÉE

— FONDÉE PAR M. G. DE MORTILLET, 1865-1868 —

dirigée par

E. CARTAILHAC ET E. CHANTRE

avec le concours de

MM. E. BEAUVOIS, P. CAZALIS DE FONDOUCE
P. DU CHATELLIER, GIRARD DE RIALLE, L. LARTET, L. MARTINET
ADRIEN DE MORTILLET, Mis DE NADAILLAC, PIETTE
PILLOY, DE QUATREFAGES, RAMES, SALMON

EXPLORATION DE QUELQUES TUMULUS

SITUÉS

SUR LES TERRITOIRES DE PONTACQ ET DE LOURDES

PAR

Ed. PIETTE

PLANCHES PAR M. PILLOY

PARIS

CH. REINWALD, LIBRAIRE

15, RUE DES SAINTS-PÈRES, 15

1884

Les « Matériaux » paraissent le 15 de chaque mois par livraison
ornée de planches et de dessins dans le texte

PRIX DE L'ABONNEMENT, PAR AN : 15 FRANCS

LE DIX-HUITIÈME VOLUME

TOME I DE LA TROISIÈME SÉRIE

EST MIS EN VENTE, BROCHÉ, AU PRIX DE 20 FR.

La librairie C. REINWALD, 15, rue des Saints-Pères, à Paris,
est spécialement chargée du service des abonnements, c'est
donc à elle qu'il convient d'adresser les souscriptions annuelles
accompagnées de mandats de 15 francs par abonnement pour la
France et les pays de l'Union postale.

S'ADRESSER POUR TOUT CE QUI CONCERNE LA RÉDACTION :

à M. E. CARTAILHAC, à Toulouse, 5, rue de la Chaîne,
à M. E. CHANTRE, à Lyon, au Muséum.

LYON. — IMPRIMERIE PITRAT AÎNÉ, 4, RUE GENTIL.

SOMMAIRE DE LA LIVRAISON DE DÉCEMBRE 1884

Mémoires originaux

Revue des livres

Variétés

Nouvelles et correspondance

Nécrologie

Tables générales

DES MATIÈRES CONTENUES DANS LE XVIIIe VOLUME

Fin d'une série de documents
en couleur

EXTRAIT DE LA REVUE
MATÉRIAUX POUR L'HISTOIRE PRIMITIVE DE L'HOMME
3e Série — Tome Ier — 1884 — Décembre

EXPLORATION DE QUELQUES TUMULUS
SITUÉS SUR LES TERRITOIRES DE PONTACQ ET DE LOURDES

PAR ED. PIETTE

PLANCHES PAR M. PILLOY

Pendant l'hiver de 1879 à 1880, j'ai pratiqué, dans les tumulus de Bartrès et d'Ossun, des fouilles dont j'ai fait connaître les résultats dans un article publié en 1882 par les *Matériaux*. J'ai continué, en 1881 et 1882, l'exploration des nécropoles dont est couvert le plateau situé au sud de Lourdes : j'ai ouvert quelques tertres funéraires peu importants au *Buala*, sur le territoire de cette ville, et j'en ai fouillé de plus nombreux et de plus élevés sur la lande de Pontacq. Là, comme à Bartrès et à Ossun, j'ai mis au jour les vestiges de deux civilisations bien distinctes : celle des peuples néolithiques et celle des envahisseurs gaulois. Là aussi, j'ai découvert quelques sépultures à caractères ambigus qui me semblent dater de la décadence de l'époque néolithique, ou plutôt correspondre à l'époque cébennienne, quoique je n'y ai pas trouvé de bronze. Je ne me propose de décrire, dans cette note, que les tertres funéraires élevés antérieurement à l'invasion gauloise. Je ferai toutefois une exception pour un tumulus sidérique (âge du fer) de Lourdes qui renfermait des objets datant de l'époque du bronze.

TUMULUS DE PONTACQ

LE PUYO ESPY

Lorsqu'on va d'Ossun à Pontacq, on rencontre, vers le milieu du plateau, un ruisseau qui forme la limite des Hautes-Pyrénées et des

Basses-Pyrénées. Après l'avoir traversé, on aperçoit dans la lande, au nord de la route, et à 500 mètres à l'est du ruisseau, un tumulus isolé : c'est le *Puyo Espy*. On y parvient en suivant la grande route jusqu'à la borne kilométrique qui marque 5 hecto-mètres à partir du ruisseau. Presque en face de cette borne, est un petit chemin qui conduit à la cabane de Caseneuve. Le tumulus est à 160 mètres au nord-est de cette cabane et à 335 mètres de la grande route, dans le quartier de *Houzet-Gros*.

Le *Puyo Espy* a 22 mètres de diamètre et 1^m,65 de hauteur. J'ai ouvert la fouille en creusant un trou à son sommet. A 0^m,35 de pro-fondeur, la pioche a rencontré une dalle de granit à contour ovoïdal, ayant 2^m,05 de longueur, 1^m,24 de largeur maximum et 0^m,37 d'épaisseur. Ses angles, à peine émoussés par le temps, attestent qu'elle a été charriée sur le plateau par des glaces flottantes, déta-chées du grand glacier de la vallée d'Argelès, pendant une débacle. C'est là qu'elle a été trouvée et recueillie longtemps après la fin de l'époque quaternaire par les hommes qui ont élevé le monument mégalithique caché sous le tumulus appelé le *Puyo Espy*.

Elle recouvrait un petit caveau formé de six dalles placées debout,

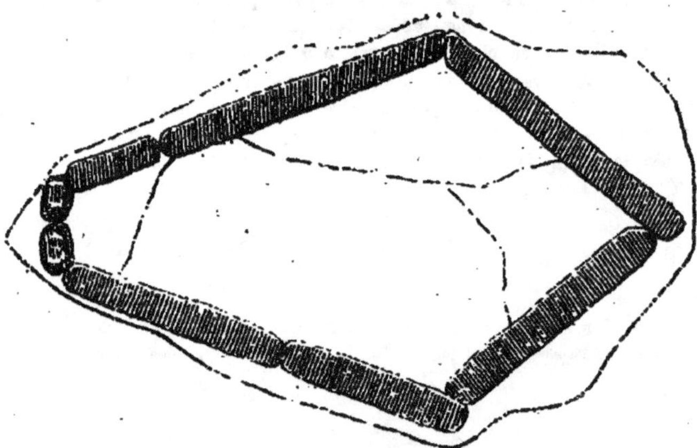

Fig. 1. — Plan du pavé et du toit de la chambre sépulcrale du *Puyo Espy*.

sur lesquelles elle reposait en les dépassant comme un toit. Les constructeurs du monument funéraire ayant craint que son poids n'écrasât ces supports, avaient profité de cette disposition pour dresser sous ses bords de grosses pierres roulées, ovalaires, qui la soutenaient dans tout son contour, et reposaient elles-mêmes sur une muraille dont il va être parlé, dans laquelle elles étaient enchâssées par la base. Je fis écarter la grosse dalle de granit, et je pus reconnaître l'aspect et les dimensions de la chambre funéraire.

Elle a la forme d'un losange irrégulier, tronqué à l'est et terminé de ce côté par une ouverture ayant 0ᵐ,25 de largeur, bouchée par de gros cailloux roulés. Sa plus grande longueur de l'est, où elle a

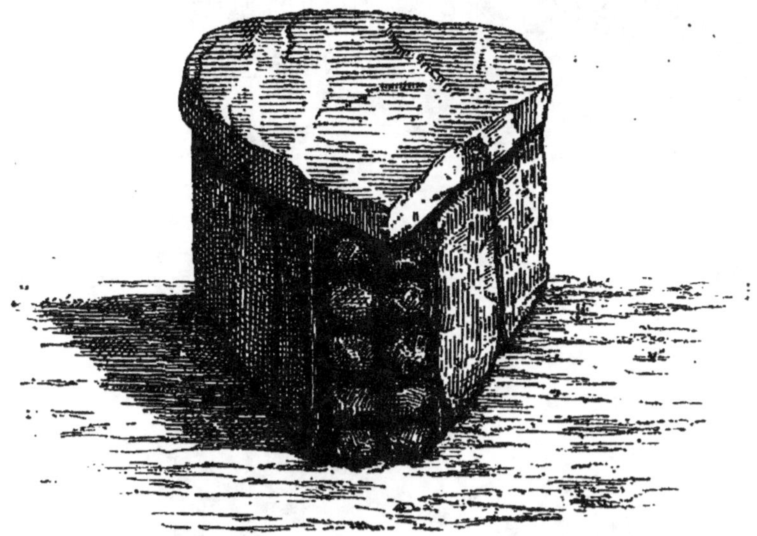

Fig. 2 — Entrée de la chambre sépulcrale du *Puyo Espy*, vue prise de l'est.

son entrée, à l'ouest où elle se termine en angle, est de 1ᵐ,72; sa largeur maximum, mesurée de l'angle du nord à l'angle du sud, est de 0ᵐ,96. Les six dalles placées debout, brutes comme le couvercle en granit, sont en grès tendre, schistoïde, argileux, jaunâtre, et proviennent d'une excavation creusée dans des couches stratifiées qui font partie du plateau lui-même. Leur hauteur varie de 0ᵐ,80 à 0ᵐ,90, leur épaisseur de 0ᵐ,10 à 0ᵐ,12. A l'ouest, les deux côtés du losange sont égaux et formés chacun par une dalle de 0ᵐ,80 de largeur. A l'est, les deux parois sont aussi d'égales dimensions ; mais elles sont plus grandes, ont

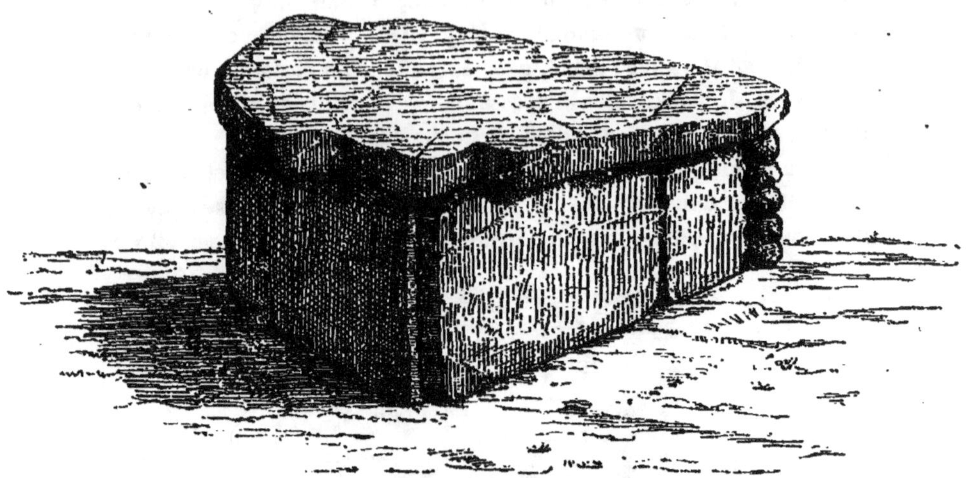

Fig. 3. — Chambre sépulcrale du *Puyo Espy*, vue prise du midi.

1^m,25 de largeur et se composent chacune de deux pierres plates. Les dalles de la paroi du nord ont l'une 0^m,55, l'autre 0^m,70 de

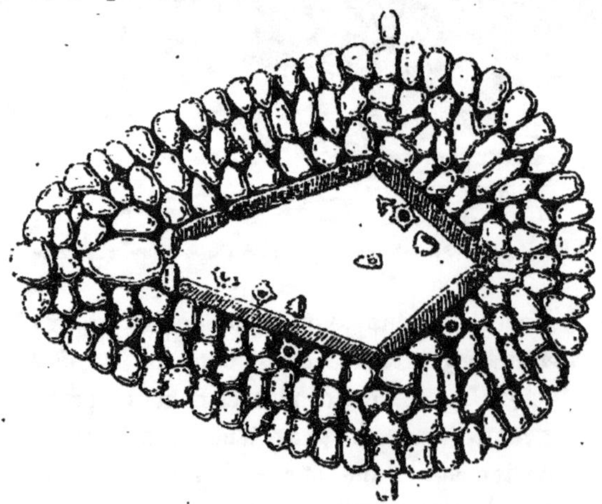

Fig. 4. — Plan du monument mégalithique du *Puyo Espy*.

largeur ; celles de la paroi du sud ont l'une 0^m,90, l'autre 0^m,33 de largeur.

Ce bâtis était consolidé extérieurement, sur toute sa hauteur, par trois ou quatre rangées de gros galets ayant de 0^m,30 à 0^m,60 de diamètre, dont l'ensemble figurait assez bien les fondations d'une tour ovale. Les blocs arrondis étaient plus nombreux et plus gros du côté du levant, où ils fermaient l'ouverture de la chambre funéraire, que des autres côtés. Deux petits menhirs se dressaient contre cette muraille, au nord et au sud, vis-à-vis les angles de la chambre sépulcrale. A 0^m,46 au-dessous de la surface du tumulus, au sud du monument mégalithique et de son contrefort de galets, s'étendait une couche de cendre et de charbon ayant deux centimètres d'épaisseur. C'était la trace d'un bûcher qui avait servi à brûler un mort, sur une plate-forme d'incinération que l'on avait ensuite recouverte de terre.

Dans le caveau, à 0^m,60 au-dessous du plafond formé par la grande pierre de granit, était un pavé composé de quatre dalles schistoïdes horizontales, dont la plus grande avait 1^m,75 de longueur, et la plus petite, 0^m,20. Sur ce plancher, j'ai trouvé deux urnes intactes, en terre cuite, et des débris de vases brisés. Les urnes intactes sont noires extérieurement; elles ont des pieds multiples en couronne, une ouverture large, une panse sub-anguleuse. L'une d'elles a quatre anses de suspension, au travers desquelles passent deux cordelettes en terre bien figurées ; l'autre, sans anse, a pour ornements trois cordonnets à facettes (voyez pl. II, fig. 1 et 2). Une troisième a pu être complètement reconstituée avec les tessons (voyez pl. III, fig. 2). Ses pieds sont disposés en couronne; elle a la panse garnie de quatre anses et décorée de deux cordonnets taillés à facettes. Des cendres, du charbon, de la terre, remplissaient en partie ces vases et la chambre sépulcrale ; je n'y ai remarqué aucun vestige d'ossement, sans doute parce que le sol dépourvu de calcaire est impropre à leur conservation.

Sous le pavé de dalles schisteuses, était une couche d'argile plastique, grise, mêlée de cendre, sans vestige d'ossement, prise dans les berges du ruisseau et apportée dans le monument mégalithique, selon un rite funéraire en usage sur ce plateau. Dans cette argile, au milieu du caveau, à 0^m,12 sous le plancher, était une hache de grès noirâtre, petite et mince (voyez pl. IV, fig. 1). En dehors du caveau, entre ses parois du nord et leur contrefort de galets, on voyait, en deux endroits, de nombreux débris d'urnes que l'on avait retirées do

FIG. 5. — Coupe verticale du monument mégalithique du *Puyo Espy*.

la chambre sépulorale pour faire place à celles de morts plus récemment décédés. Parmi ces tessons étaient ceux de deux vases ornés d'empreintes d'ongle, semblables à celui que le colonel Pothier a trouvé dans le dolmen du champ de tir.

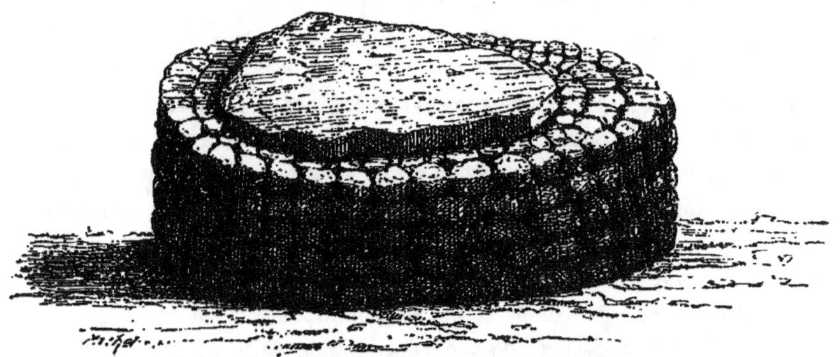

FIG 6. Vue du monument mégalithique du *Puyo Espy*.

Le caveau, malgré ses dimensions assez grandes et l'absence de métaux dans son mobilier funéraire, n'est pas un véritable dolmen. Les dolmens sont carrés ou rectangulaires ; leurs constructeurs ont toujours visé à cette forme lors même que les dimensions des pierres ne leur ont permis de réaliser que des trapèzes. La forme en losange indique une date plus récente : elle dénote un besoin de nouveauté et de recherche, une intention artistique nouvelle. Les vrais dolmens ont été construits pour recevoir des cadavres que l'on accroupissait contre leurs parois. Il fallait que le caveau fut assez élevé pour contenir les corps dans cette position. Sans doute, quand l'usage d'incinérer les morts se répandit, plus d'un dolmen reçut des urnes cinéraires; mais les monuments que l'on construisit à partir de cette époque, n'étant plus destinés qu'à contenir des urnes, furent de dimensions moins grandes. La chambre sépulcrale du *puyo Espy* n'a, entre le plafond et le plancher, que 0^m,60 de hauteur. Il eût été impossible d'y asseoir un cadavre; elle n'est donc qu'une grande cella. Elle est d'une date postérieure au *puyo Mayou* (*Matériaux*, t. XII, année 1881, p. 622) et à l'allée couverte décrite par le colonel Pothier (*Ibid.*, t. XII, 1881, p. 209), monuments construits pour recevoir des cadavres; et malgré sa forme très différente de celle de l'allée couverte de la *Haliade*, elle n'a, comme elle, jamais été destinée qu'à recevoir des urnes d'incinérés. Il y a donc, sur le plateau situé au sud de Lourdes, deux sortes de sépultures à chambre sépulcrale, en pierre brute, et à mobilier néolithique, et ces deux formes qui se sont succédé, paraissent avoir caractérisé deux phases de la vie d'un même peuple.

Il est remarquable que les urnes à anses multiples et à pieds en couronne du *puyo Espy* et de la *Haliade* sont pareils à ceux des allées couvertes à inhumation. Il y a donc eu continuité dans la tradition industrielle. Cependant à la *Haliade*, j'ai recueilli des vases rouges, caliciformes, ornés de bandes à lignes ponctuées, qui dénotent, par la composition de la pâte, comme par la forme et les ornements, un progrès dans l'art céramique. Y eut-il alors d'autres innovations ? Malgré l'absence de métaux, il ne me paraît pas certain que la grande cella du *puyo Espy*, ne date pas des premiers temps calceutiques. Quand le bronze fut introduit dans le pays de Gaule, il dut d'abord, précisément à cause de sa nouveauté, ne pas être employé pour les usages funéraires; il y eut des régions où l'on persista à ne mettre dans les tombeaux que des armes et des outils de pierre. Le plateau situé au sud de Lourdes paraît avoir été de celles-là. La petite hache trouvée sous le pavé schisteux du *puyo Espy* est une hache symbolique trop mince pour avoir jamais été destinée à servir aux usages ordinaires.

A quel concours de circonstances faut-il attribuer la substitution, dans les rites funéraires, de l'incinération à l'inhumation ? Il est assez

difficile de le savoir. Il est cependant permis de penser qu'elle coïn-
cida avec l'arrivée des premiers Ariens armés de bronze dans des
contrées voisines. Rien n'indique que les populations sous-pyrénéennes,
dont je décris en ce moment les sépultures, aient été alors subjuguées;
elles paraissent au contraire avoir accompli pacifquement leur évo-
lution et avoir conservé leur indépendance. Leur industrie resta la
même. Elle ne se transforma qu'à l'époque de l'invasion des hommes
armés du fer. Alors la révolution dans les arts industriels et dans les
coutumes fut si complète qu'elle ne peut avoir résulté que de la sou-
mission des races indigènes à des envahisseurs victorieux. Mais les
chambres sépulcrales à incinération ne nous révèlent rien de pareil.
Ce n'est donc pas à la conquête qu'il faut attribuer l'adoption de la
coutume de brûler les morts.

A l'époque néolithique, les chefs recevaient la sépulture dans les
dolmens; mais ces monuments funéraires ne servaient pas pour les
hommes du peuple. On trouve peu de cimetières néolithiques; et il est
des régions qui en paraissent complètement dépourvues. Il est très pos-
sible que, dans ces régions, les cadavres humains aient été abandonnés
à la surface du sol, comme, en beaucoup d'endroits, on laisse encore
aujourd'hui ceux des animaux. S'il n'en fut pas ainsi, si partout,
même pour les pauvres gens, on creusait des fosses avec les faibles
instruments alors en usage, les difficultés que présentait ce travail
pieux durent lui faire préférer en peu de temps la tâche de construire
des bûchers, dans des pays encore à demi couverts de forêts. Une de
ces pestes qui font du corps humain un foyer d'infection et un agent
de propagation du fléau a pu faire comprendre l'utilité de détruire les
cadavres par le feu et hâter l'adoption du rite de l'incinération.

LE PUYO HOURADAT

Sur le territoire de Pontacq, près du lieu dit *Quintepeyrouse*, au
Goua de Michoux, s'élève le tumulus de *Houradat* :

Il a 26^m,60 de diamètre et 2 mètres de hauteur. J'ai fait ouvrir la
fouille au milieu. A 0^m,75 de profondeur, la pioche a rencontré le

sommet d'un menhir complètement enterré, placé au centre de la
tombelle. C'était un gros bloc de rocher roulé par les eaux et le glacier. Il avait 1^m,30 de hauteur et 2^m,10 de tour. Une muraille com-

FIG. 7. — Vue du menhir central et de la muraille du *Puyo Houradat*.

posée de 7 ou 8 rangées de gros galets superposés l'entourait ; elle
lui était contiguë au couchant et formait, dans la profondeur des
terres, une chambre ovoïdale, sans toit, ayant 1^m,10 d'élévation,
2^m,10 de largeur de l'est à l'ouest, et 3^m,70 de longueur du nord au
sud, dans l'intérieur de laquelle, à 0^m,60 de son extrémité, était la
pierre-fiche. Un autre menhir plus petit s'élevait au sud, contre
la muraille, dans cette sorte de caveau ; ce n'était qu'un gros
caillou roulé, ayant 0^m,60 de hauteur, placé debout. La chambre
était remplie de terre, dans laquelle se trouvaient, autour du grand
menhir, des cendres, du charbon, des éclats de silex parmi lesquels
il y avait un grattoir. Je n'y ai reconnu aucun vestige d'ossement. La
lande du *Puyo Houradat* dépourvue de calcaire, comme celle du
Puyo Espy, était impropre à leur conservation ; malgré cette
absence de vestiges humains, cette chambre me paraît avoir eu une
destination sépulcrale et avoir reçu la cendre d'un cadavre brûlé. A
la partie supérieure des terres qui la remplissaient, des galets avaient
été arrangés à plat en festons irréguliers. Une sorte de pont formé de
pierres superposées reliait les deux menhirs ; et, près du plus petit, à

l'ouest, une petite cella ayant 0ᵐ,25 de largeur et 0ᵐ,35 de longueur était remplie de fragments de quartzite provenant de galets brisés intentionnellement (Voyez pl. VI, fig. 5).

L'épaisseur de la muraille qui circonscrivait la chambre sépulcrale était irrégulière. Cet ouvrage dont la partie supérieure affleurait à 0ᵐ,90 au-dessous de la surface du tumulus était formé de 4 rangées contiguës de pierres, au levant, et de 11 au moins au couchant. De ce côté, malgré le soin mis à placer les galets régulièrement les uns sur les autres, elle ressemblait à un véritable amas. Dans cette muraille, à l'ouest du menhir, après la troisième rangée de pierres, était une dalle ayant 1 mètre de longueur et 0ᵐ,80 de largeur, servant de toit à une cella remplie de terre, de cendre et de charbon.

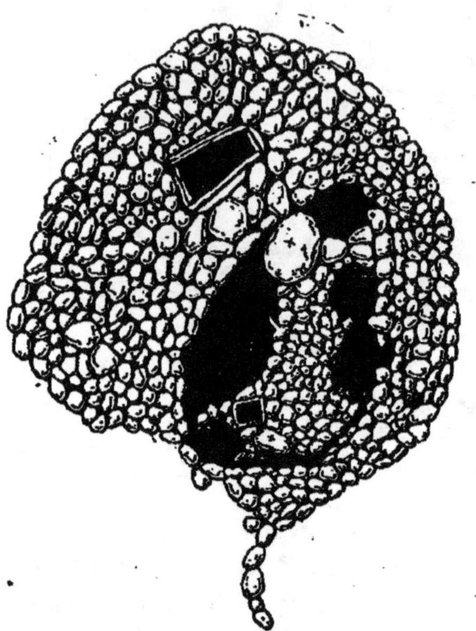

Fig. 8 — Plan de la partie supérieure de la chambre sépulcrale du *Puyo Houradat*.

Placées au centre du tumulus, ces constructions sont entourées d'un grand cromlech qui n'a pas moins de 0ᵐ,70 d'épaisseur et 10 mètres de rayon ; il se trouve à 3ᵐ,30 du bord de la tombelle et à 9ᵐ,30 du menhir central. Formé de gros galets posés à plat, il présente plusieurs ouvertures dont les deux plus grandes, situées à l'ouest, ont l'une 4ᵐ,65 et l'autre 3ᵐ,15 de largeur ; les autres entrées beaucoup plus petites s'ouvrent à l'est, au sud-est et au nord-est. On n'en remarque aucune au nord-ouest. Quelques blocs roulés faisant partie de cette enceinte ont été placés debout comme de petits menhirs. On en voit deux au nord et trois à l'est. Cinq pierres rangées en demi-cercle sont couchées à 7ᵐ,40 au sud du massif central, entre ce massif et le cromlech.

Dans le tumulus, à $0^m,85$ de profondeur, s'étend, sur une grande surface, à l'est et au sud-est de la chambre sépulcrale, une couche horizontale de cendre et de charbon, ayant $0^m,08$ d'épaisseur. C'est évidemment la trace laissée par un vaste bûcher sur lequel on a brûlé les morts dont la cendre a été déposée dans le caveau ovoïdal et dans la cella.

Ce tumulus date donc de l'époque où l'incinération était en usage. Quoique je n'y aie trouvé que des silex mal taillés et des éclats de quartzite, je ne pense pas qu'il ait été élevé aux temps néolithiques. Sa chambre centrale, semblable aux premières assises d'une tour construite sans mortier, est très différente de celle des dolmens, et révèle des rites funéraires d'un autre âge. Je le crois plus récent que le *Puyo Espy*. Le cromlech et la plate-forme d'incinération le rapprochent des tumulus protosidériques. Les chambres formées par une muraille qui rappelle grossièrement la forme de la base d'une tour sont rares dans les tombelles des plateaux sous-pyrénéens de la France. J'en ai vu, dans la vallée de l'Arboust, de petites que je n'ai pas fouillées. J'en ai exploré une assez grande au quartier de Hourquambarrat sur le territoire de Pontacq : elle contenait des silex taillés et un débris de vase néolithique ou calceutique. Autour d'elle étaient rangés sous la terre du tumulus des urnes d'incinérés de l'âge du fer. Je pense qu'il faut rapporter les plus anciens monuments de cette sorte à la fin de l'âge calceutique. On en a certainement élevé de pareils au commencement de l'âge protosidérique ; peut-être même datent-ils tous de ce temps.

LE PUYO HOURSUQUET

Le tumulus *Hoursuquet* situé, comme les précédents, sur le territoire de Pontacq est une tombelle néolithique violée à l'époque gauloise. Il a maintenant $1^m,15$ de hauteur et 40 mètres de diamètre. Il est certain que sa largeur a été augmentée aux dépens de sa hauteur. Il renferme un dolmen sans toit que la pioche de mes ouvriers a rencontré à $0^m,23$ de profondeur. Il est très probable que l'absence de dalles de recouvrement est due à la violation dont il a été l'objet. Orienté parallèlement à la chaîne des Pyrénées, il a son ouverture au levant, sa longueur de l'est à l'ouest est de 2^m,30 à l'intérieur et sa largeur de 1^m,25 en moyenne. Des dalles de grès jaune et de quartzite placées debout forment ses parois. Celles du nord et celles du sud s'inclinent actuellement les unes vers les autres ; mais il est probable qu'elles étaient originairement verticales.. La forme trapézoïdale de la pierre unique qui ferme le dolmen à l'ouest et qui est plus large en bas qu'en haut, a facilité le mouvement de ces dalles que le poids des terres a fait pencher les unes vers les autres. Un pavé en plaquettes de grès, placé à une profondeur moyenne de 1^m,10 au-dessous de l'extrémité supérieure des parois, s'étendait dans l'intérieur du dolmen. Il était recouvert par une couche d'argile grise, ayant 0^m,15 d'épaisseur, dans laquelle se trouvaient deux petits éclats de silex en forme de couteau, seuls vestiges d'industrie humaine que contenait ce tombeau quand je l'ai exploré (voyez pl. IV, fig. 2 et 3).

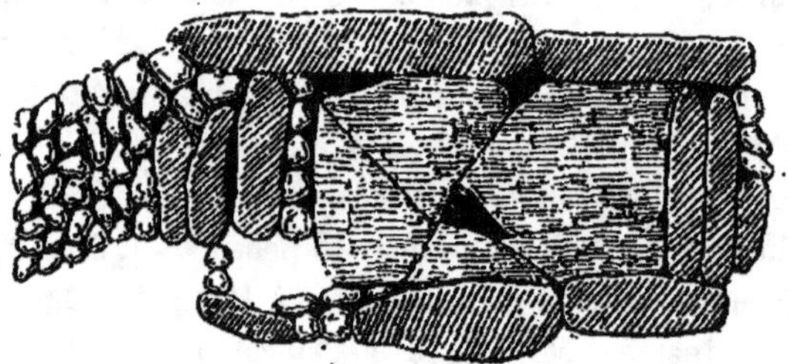

Fig. 9. — Plan du dolmen de Hoursuquet.

La hauteur, la largeur et l'épaisseur des dalles dont ce dolmen est formé sont variables de pierre à pierre. La dalle qui constitue la paroi de l'ouest a 0^m,22 d'épaisseur, sa largeur est de 1^m,15, en bas et de 0^m,58 seulement en haut. Elle ne dépasse le pavé que de 0^m,90. Elle est calée à l'extérieur par une grande pierre plate et plusieurs autres pierres plus petites dont l'épaisseur est de 0^m,32. Les deux dalles de la paroi du sud sont en grès ; elles ont l'une 1^m,30 de hauteur au-dessus du pavé, 1^m,30 de largeur et 0^m,30 d'épaisseur, l'autre 0^m,87 de hauteur au-dessus du pavé, 2^m,15 de largeur et 0^m,40 d'épaisseur. Les deux dalles de la paroi du nord ont l'une 0^m,90 de hauteur au-dessus du pavé, et un mètre de largeur, l'autre 1^m,02 au-dessus du pavé et 1ᵐ,25 de largeur ; la première est en grès, la seconde en quartzite : placées l'une à côté de l'autre, elles n'ont ensemble qu'une longueur de 2ᵐ,25. La paroi a 3ᵐ,20 de longueur ; pour la compléter, il a fallu ajouter de gros galets superposés à l'est.

Le dolmen est fermé à l'orient par une dalle de grès et par des galets superposés. La dalle a 0ᵐ,80 de hauteur au-dessus du plancher, un mètre de largeur et 0ᵐ,40 d'épaisseur. Elle est calée du côté de l'ouest par une rangée de galets et, du côté de l'est, par deux pierres plates en grès, ayant ensemble 0ᵐ,45 d'épaisseur, et par un amas de galets superposés, dont les assises s'étendent sur une longueur de 0ᵐ,85 au delà des dalles. Cet amas a probablement été formé aux dépens de celui qui devait entourer originairement le dolmen, et c'est aussi sans doute dans celui-ci qu'ont été puisés les matériaux d'un petit cromlech et d'un grand demi-cercle de pierres dont il va être parlé.

A 2ᵐ,94 à l'est de l'extrémité orientale du dolmen, est un cromlech enterré, ayant 3ᵐ,15 de diamètre et affleurant à 0ᵐ,60 sous le sol du tumulus. Il est formé d'une ou deux rangées de cailloux roulés, placés debout, et présente une épaisseur moyenne de 0ᵐ,22. Si les violateurs de la sépulture néolithique y ont déposé les ossements trouvés dans le dolmen, pour qu'ils soient inhumés selon les rites religieux en usage en leur temps, ces ossements gisant dans un sol déprouvu de calcaire, sans construction d'aucune sorte

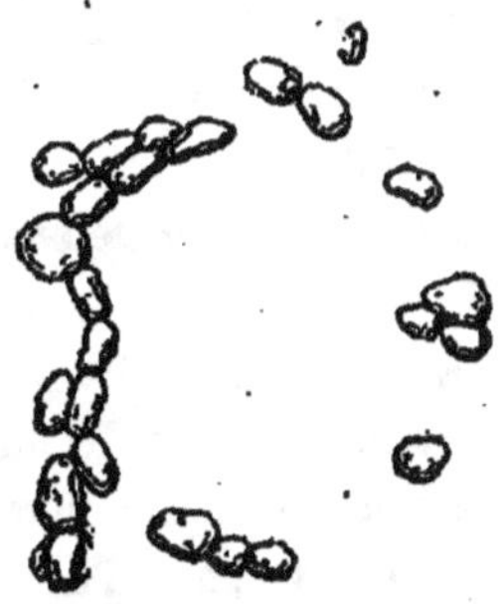

Fig. 10. — Petit cromlech du tumulus de *Hoursuquet.*

pour les abriter, ont promptement disparu. Il n'en reste plus trace aujourd'hui.

A l'intérieur du tumulus, sous une épaisseur de terre de 0ᵐ,60, de gros cailloux roulés, posés à plat, dont la longueur est de 0ᵐ,50 à 0ᵐ,80, forment un demi-cercle ayant 16 mètres de diamètre, qui circonscrit le dolmen à l'ouest, au nord et au sud. Il en est distant de 3 mètres au sud-ouest, et de 7ᵐ,70 au nord-est.

Le demi-cercle et le cromlech me semblent caractériser l'époque de la violation du monument funéraire ; elle a dû avoir lieu aux temps protosidériques.

César rapporte que les anciens Gaulois cachaient leurs trésors dans les tumulus. On ne découvre, dans ces élévations de terre, aucun trésor ; mais il n'est pas très rare d'y rencontrer des objets en or qu'a déposés, près des morts, la piété des parents, aux âges néolithique, calceutique et protosidérique. Cet usage bien connu, aux temps anciens, a sans doute, malgré le respect que l'on avait alors pour les lieux consacrés par une sépulture, amené, dès l'époque gauloise, quelques hommes avides à fouiller et piller les tombeaux. Ils croyaient ensuite se laver de cette souillure en inhumant les ossements, selon leurs rites religieux, dans des cromlechs et en construisant des enceintes de pierre autour du tombeau violé.

Là ne se sont pas arrêtées les transformations que les profanateurs du dolmen de Hoursuquet ont fait subir à la sépulture. Après avoir abaissé et agrandi la tombelle en répandant la terre autour de la chambre sépulcrale, ils ont creusé, au levant, dans le tumulus un fossé ovale, ayant 1^m,35 de largeur et circonscrivant un tertre peu élevé dont la largeur est de 3 mètres et la longueur de 4^m,25. Les terres du fossé rejetées à l'extérieur ont formé tout autour une banquette en saillie, ayant 3^m,40 de largeur. J'avais d'abord regardé cet ouvrage de terre comme l'œuvre des bergers qui mènent paître les troupeaux sur la lande de Pontacq. Je pensais qu'ils en avaient fait un lieu de réunion d'où ils pouvaient surveiller leurs bestiaux. Mais sur ce steppe, j'ai remarqué trois autres tumulus décapités qui paraissent avoir été des tombelles néolithiques. A l'est de ces sépultures qui m'ont semblé violées, étaient des fossés ovales pareils à celui que je viens de décrire. J'incline donc à penser, sans vouloir être affirmatif sur ce point, qu'ils ont été creusés dès les premiers temps de l'âge du fer, par ceux qui ont violé les sépultures. Peut-être ces hommes étaient-ils des pasteurs. Une tranchée ouverte dans le tertre et dans la banquette formée par le rejet de la terre, au *Hoursuquet,* n'a pu me livrer le secret de ces énigmatiques ouvrages.

La violation d'une sépulture, aux temps protosidériques, n'a rien qui doive surprendre. On pourrait citer, pour prouver de pareils faits, des tumulus de l'âge du fer où l'on a rencontré des objets néolitiques. C'est ainsi qu'au quartier de *Hourcquambarrat* sur la lande de Pontacq, le *puyo Hourmiao* qui contenait plus de cent urnes d'incinérés avec des bijoux en bronze, des couteaux, des poignards, des épées, des gèses et des javelots en fer, renfermait aussi les débris d'un vase franchement néolithique (v. pl. III, fig. 1) et un éclat de silex (v. pl. IV, fig. 6). Il est vrai que l'on peut soutenir, peut-être avec raison, que le tumulus *Hourmiao*, avant de devenir un cimetière de l'âge du fer, avait été un tombeau de l'âge de la pierre polie, que que c'est pour cette raison que l'on y rencontre des silex et que l'on y a recueilli les débris d'un vase néolithique. Il n'est donc pas nécessaire de supposer qu'après avoir dévalisé le vieux tombeau, ceux qui l'ont violé en aient approprié les urnes funéraires à leurs propres usages ni qu'ils y aient placé la cendre de leurs morts. Mais, dans un cas comme dans l'autre, il y a eu violation de sépulture.

Je n'ai pas l'intention de décrire, dans cette note, les sépultures sidériques du plateau sous-pyrénéen de Lourdes. Je ferai seulement remarquer qu'elles sont très différentes de celles de l'âge précédent. On n'inhumait plus dans des caveaux de pier... ! ...te ; il n'est même pas certain que la cella n'ait pas alors été ibas... ...née. Les corps étaient toujours brûlés. Les urnes qui n'étaic... ...plus souvent que des vases pris parmi ceux qui servaient à des u...ges journaliers, dans les ménages des défunts, n'avaient ni les pieds nombreux, ni les anses multiples des vases néolithiques destinés à être suspendus comme des lampes, ou à recevoir une anse comme des seaux. Elles n'avaient pas non plus les lignes pointillées des vases caliciformes de l'âge du bronze et de la fin de l'âge de la pierre. Elles présentaient des formes nouvelles, de larges panses, et révélaient une préoccupation moins grande de l'art et plus soucieuse de l'utilité. La pâte elle-même différait ; elle était généralement moins cuite et moins solide. On serait tenté de dire qu'il y avait alors décadence de l'art céramique, si la multiplicité des formes et des ornements n'avait remplacé le choix très limité de ceux qui caractérisaient les âges antérieurs.

Ce brusque changement indique une invasion victorieuse de peuples peut-être imparfaitement policés, mais dont la supériorité incontestable était due surtout à la connaissance des métaux et du fer. Les populations pyrénéennes furent subjuguées. Au lieu de se décourager

et de s'immobiliser dans le souvenir du passé, comme font les tribus
sauvages destinées à disparaître, elles s'assimilèrent promptement la
civilisation nouvelle et ne furent même pas réduites en esclavage.
César nous montre les anciennes populations de la Gaule vivant dans
un état libre, mais voisin du servage, sous la domination des Gaulois.
Si telle fut la condition des populations néolithiques et calceutiques
du nord et du milieu de la France, celle des populations assises aux
pieds des Pyrénées, dans une région où les envahisseurs ne s'établi-
rent qu'en petit nombre, fut encore préférable. Sans doute, il y eut
quelques familles obstinées (peut-être les familles dépossédées du
pouvoir) qui refusèrent d'adopter les usages nouveaux. Le petit
nombre de leurs sépultures indique combien fut rare la résistance.
Leurs tombeaux dénotent la misère et la décadence de l'art néolithique dans les mains de ces familles stérilisées. M. le colonel Pothier
en a découvert un très remarquable qui montre bien à quel point
peuvent descendre ceux qui se confinent dans les regrets du passé,
sans vouloir embrasser les arts ni les horizons ouverts aux généra-
tions nouvelles. Tandis que des Pyrénéens élevaient à leurs morts
de splendides tumulus comme celui de *Hourmiao*, où ils enfouissaient
tant de témoins d'une industrie rénovée et vraiment brillante pour
l'époque, eux aussi ils élevaient un tumulus à leurs morts. Incapables
d'un grand effort, ils n'y apportaient pas ces pierres brutes avec
lesquelles leurs ancêtres construisaient les dolmens et les grandes
cellas ; mais ils y amenaient l'argile grise que l'on trouve dans toutes
les sépultures cébenniennes du plateau et, sur cette couche d'argile, ils
semaient, avec la cendre des cadavres livrés au bûcher, les couteaux
en silex et les grattoirs mal taillés qui représentaient seuls alors
l'industrie des âges évanouis ; puis ils recouvraient le tout de terre.
Ces sortes de tombeaux ne sont pas seulement ceux d'hommes
arriérés, ce sont ceux de la civilisation cébennienne elle-même.

En rénovant leur industrie, les Pyrénéens qui ont suivi le mouvement de la civilisation, ont plus d'une fois, par un retour vers les
formes archaïques, prouvé qu'ils n'avaient pas complètement perdu
le souvenir du passé. C'est ainsi qu'après avoir abandonné la fabri-
cation des vases à anses et à pieds multiples, ils façonnèrent des vases
à anse unique reposant sur des pieds nombreux. Tels sont ceux que

j'ai fait représenter dans la pl. IV, fig. 7 et 8, trouvés dans le tumulus de *Hourmiao*. Cette forme nouvelle est très caractéristique de l'époque protosidérique, quoiqu'elle ne soit qu'un ressouvenir et une imitation de l'art ancien.

LES TUMULUS DU BUALA DE LOURDES

Les tumulus que j'ai fouillés sur le territoire de Lourdes, sont tous de l'époque sidérique. Ils renferment ordinairement, dans leur inté-rieur, un cercle de gros cailloux roulés, posés à plat, circonscrivant un cercle plus petit qui lui est tangent, dans lequel se trouve une urne d'incinéré accompagnée le plus souvent d'objets en fer. L'une de celles que j'y ai recueillies, très remarquable par les larges dépressions rondes qui forment son ornementation (v. pl. V), contenait un peigne en bronze de l'époque calceutique res-semblant à ceux que M. Chantre a rapportés du Caucase (v. pl. IV, fig. 4). Ce n'est pas le seul objet de l'époque du bronze qu'aient fourni les sépultures sidériques du plateau situé au sud de la vallée d'Argelès. Dans des tertres funéraires de la lande d'Ossun, M. le colonel Pothier a rencontré, avec des objets en fer,

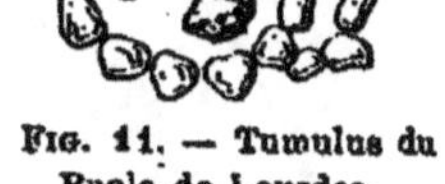

Fig. 11. — Tumulus du Buala de Lourdes.

des lances en bronze dont la forme rappelle celles des temps cében-niens. Objets précieux quand le fer était inconnu, ces armes et ces bijoux avaient été conservés dans les familles, même après que l'im-portation de ce métal les avait démodés. On a fini par les placer dans les sépultures, parce qu'ils avaient appartenu aux ancêtres, peut-être un peu aussi parce qu'on ne les utilisait plus; voilà pourquoi nous les trouvons aujourd'hui associés aux bijoux et aux armes de fer. Mais leurs formes archaïques, caractéristiques de l'âge précé-dent, n'ont rien de commun avec celles qui donnent son cachet à la civilisation nouvelle; et ce serait faire une confusion évidente que de prétendre que ces vieux objets en bronze et les objets en fer trouvés dans les mêmes tumulus, ont été fabriqués à la même époque.

La présence d'armes et de bijoux calceutiques dans des sépultures sidériques prouve seulement que les familles dont la cendre dort dans ces tombeaux occupaient déjà le sol de cette région avant l'invasion gauloise. Si donc sur le vaste plateau situé au sud de Lourdes, il peut y avoir des tumulus où repose la dépouille des envahisseurs de l'âge du fer, il y a certainement des tertres élevés par les anciennes familles du pays pour placer la cendre de leurs morts. Ceux-là me paraissent être en grande majorité, et je crois les autres très rares, si même il en existe. L'industrie dont nous y avons recueilli les vestiges ne fut qu'une greffe de l'industrie gauloise, mais en se développant librement au sein des vieilles populations pyrénéennes elle garda toujours une certaine originalité.

FIN

LYON. — IMPRIMERIE PITRAT AÎNÉ, RUE GENTIL, 4

Changement de rapport

Rapport :   27   au lieu de Rapport :   19

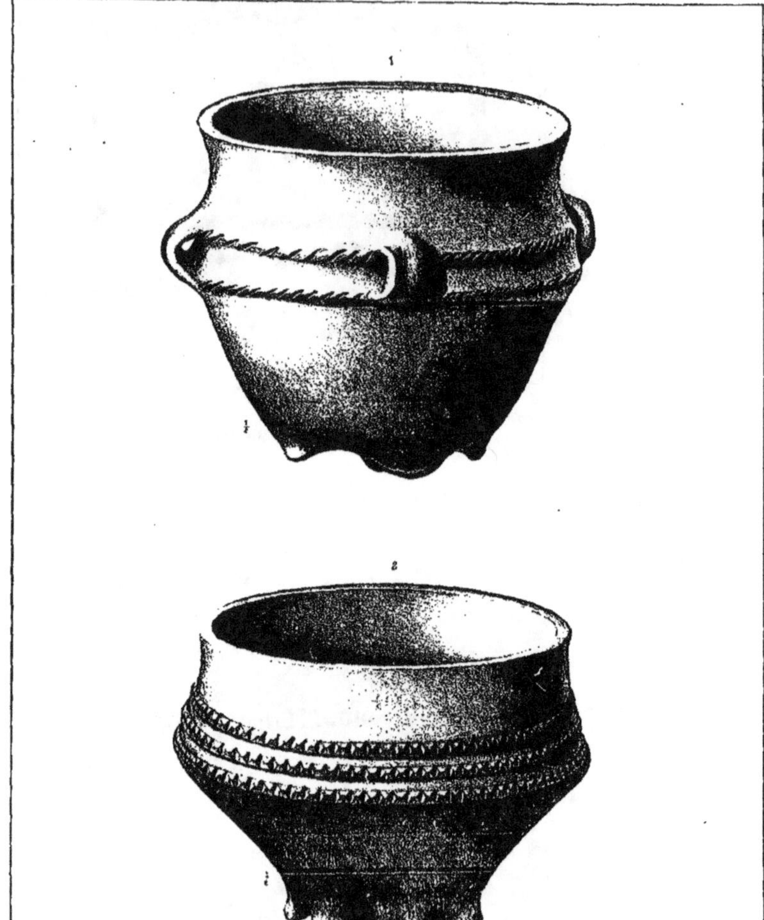

LE PUYO ESPY.
1 2 Vases

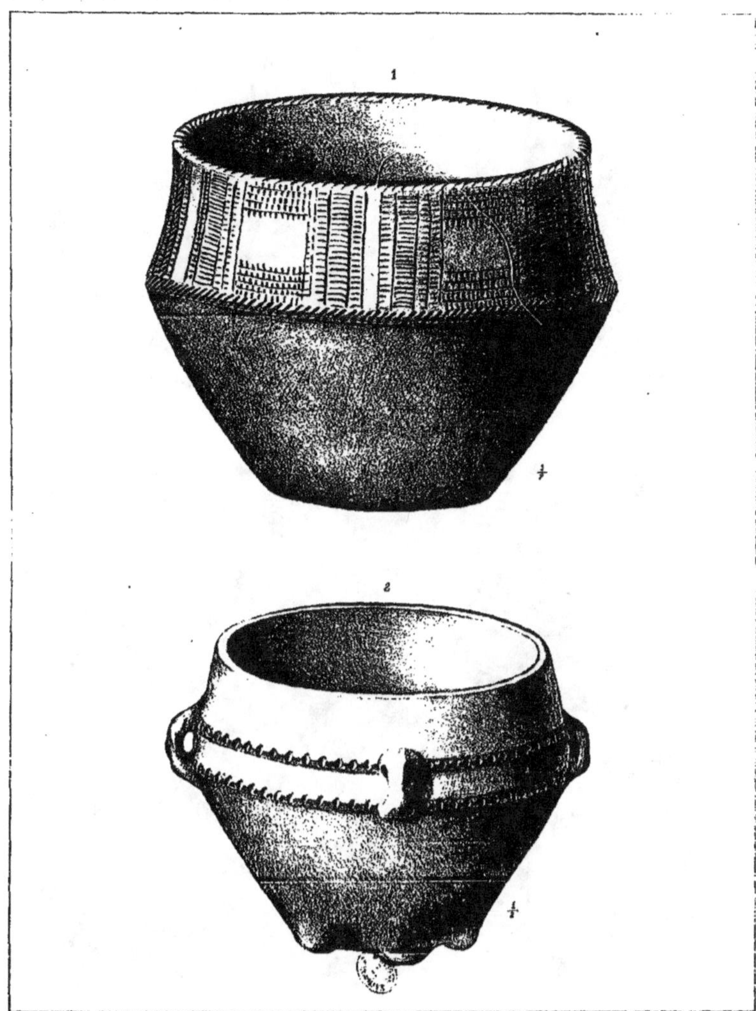

LE PUYO HOURMIAU
1er Vase

LE PUYO ESPY
2e Vase

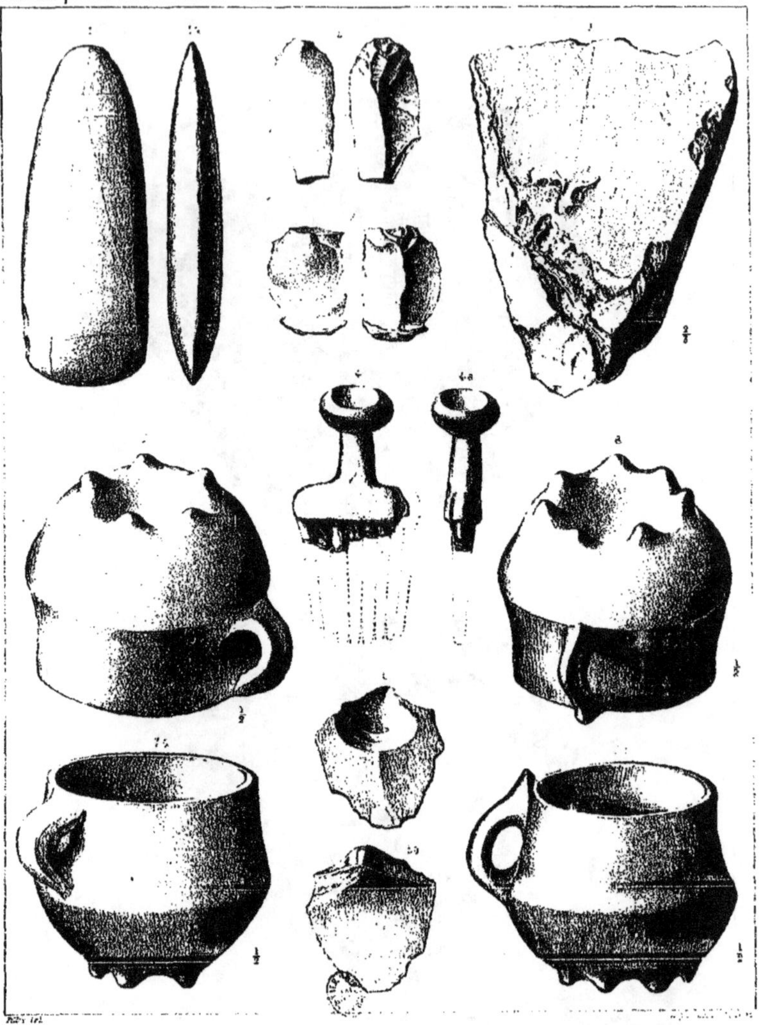

LE PUYO ESPY
1 Hache polie
LE PUY⁰ HOURSUQUET

TUMULUS DU KUALA DE LOURDES
4. Peigne en bronze
LE PUYO HOURADAT

LE PUYO HOURMIAO
5. Instruments en Silex
2.3 Vases à fieds multiples

Matériaux ... de l'Histoire de l'Homme   1868

Urne et son couvercle

SOMMAIRE DE LA LIVRAISON DE NOVEMBRE 1884

Mémoires originaux

Revue des livres

Variétés

Nouvelles et correspondance